BEI GRIN MACHT SICH IHR WISSEN BEZAHLT

Michael A. Braun

Welchen Einfluss hat die südasiatische Nuklearoption aktuell auf das neue Afghanistan?

Eine Einordnung wie der nicht nukleare afghanische Staat in dem Balanceakt zwischen Macht, Religion, Armut und Sicherheitsstreben steht.

GRIN Verlag

Bibliografische Information der Deutschen Nationalbibliothek:

Die Deutsche Bibliothek verzeichnet diese Publikation in der Deutschen National-
bibliografie; detaillierte bibliografische Daten sind im Internet über http://dnb.d-
nb.de/ abrufbar.

Impressum:

Copyright © 2006 GRIN Verlag GmbH
Druck und Bindung: Books on Demand GmbH, Norderstedt Germany
ISBN: 978-3-640-19289-2

Dieses Buch bei GRIN:

http://www.grin.com/de/e-book/116895/welchen-einfluss-hat-die-suedasiatische-
nuklearoption-aktuell-auf-das-neue

GRIN - Your knowledge has value

Der GRIN Verlag publiziert seit 1998 wissenschaftliche Arbeiten von Studenten, Hochschullehrern und anderen Akademikern als eBook und gedrucktes Buch. Die Verlagswebsite www.grin.com ist die ideale Plattform zur Veröffentlichung von Hausarbeiten, Abschlussarbeiten, wissenschaftlichen Aufsätzen, Dissertationen und Fachbüchern.

Besuchen Sie uns im Internet:

http://www.grin.com/

http://www.facebook.com/grincom

http://www.twitter.com/grin_com

Freie Universität Berlin

Hauptseminararbeit

Master of Arts in International Relations

Welchen Einfluss hat die südasiatische Nuklearoption aktuell auf das neue Afghanistan?

Eine Einordnung wie der nicht nukleare afghanische Staat in dem Balanceakt zwischen Macht, Religion, Armut und Sicherheitsstreben steht.

Abgabe: Freitag, 31. März 2006
Umfang: 5.911 (6.699) Worte auf 19 (24) Seiten

Michael A. Braun, BA

Inhaltsverzeichnis

Abstract

Nach Einschätzung internationaler Beobachter ist das Risiko eines (vielleicht sogar nuklearen) Krieges in Südasien innerhalb der nächsten 15 Jahren in Südasien extrem hoch. Dann würde wohl der schwelende Kaschmirkonflikt zwischen den faktischen Atommächten Indien und Pakistan als Auslöser fungieren.

Daraus ergibt sich nun die Frage für das neue Afghanistan, welchen Einfluss die Nuklearoption Südasiens momentan auf das Land hat. Die Arbeit versucht somit zu beantworten, wie die regional-strategische Perspektive der afghanischen Regierung lautet, sofern es eine gibt, und was es für das unabhängige Land bedeutet, Nachbar mehrerer Nuklearstaaten zu sein.

Anhang

Quellenverzeichnis

Baraki (2004): Baraki, M., *Afghanistan nach den Taliban*, Aus Politik und Zeitgeschichte, bpb, Ausgabe B48/04, Bonn, 2004

Baraki (2003): Baraki, M., *Afghanistan zwei Jahre nach Petersberg – Eine Bestandsaufnahme*, Blätter für deutsche und internationale Politik, bpb, Ausgabe 12/03, Bonn, 2003

Dummett (2006): Dummett, M., *Afghanistan opposes missile names*, BBC, 22.02.06, [Proquest 02.03.06] http://www.afghannews.net/index.php?action=show&type=news&id=212

Fortuna (2004): Fortuna, C., *Afghanistan after 9/11*, Autumn 2004, volume 1, issue 3, NATO School Polaris Quarterly, NATO School, Oberammergau, 2004

Geere (2002): Geere, A., *Kabulis question US motives*, Afghan Recovery Report, Afghan Recovery Report, ARR No. 27, 13.09.02 [Internet 02.03.06] http://iwpr.gn.apc.org/?s=f&o=153347&apc_state=heniarr2002

Kapur (2001): Kapur, S.P., *Nuclear proliferation, the Kargil-conflict, and South Asian security*, Security Studies, volume 13, issue 1, 10.03.01, London, 2001

Maaß (2002): Maaß, C., *Perspektiven für Afghanistan – Mehr Eigenverantwortung; Mehr internationales Engagement*, Informationen für die Truppe (IFDT), IMZBw, 3/02, Bonn, 2002

Maaß (1999): Maaß, C., *Indiens und Pakistans offene Nuklearisierung und ihre widersprüchlichen Folgen*, in: Internationales Asienforum, 30/1, Weltforum, München, 1999

Mitra (2001): Mitra, S., *War and peace in South Asia: A revisionist view on India-Pakistan relations*, Contemporary South Asia, vol. 10/3, 2001

o.N. (2006b): o.N., *Pakistan president blasts Afghan leader*, Afghan News, 06.03.06, [Internet 02.03.06] http://www.afghannews.net/index.php?action=show&type=news&id=260

o.N. (2006a): o.N., *Karzai proposes free cross-border movement*, Afghan News, 16.02.06, [Internet 02.03.06] http://www.afghannews.net/index.php?action=show&type=news&id=186

o.N. (2005b): o.N., *Delayed take-off - South Asia's arms race*, Economist, Vol. 375, Iss. 8420, 02.04.05, London, 2005 [Proquest 02.03.06] http://proquest.umi.com/pqdweb?did=815946251&Fmt=3&clientId=4273&RQT=309&VName=PQD

o.N. (2005a): o.N., *Risk of war in South Asia will remain high*, The Washington Post, 22.02.05, Washington, 2005

o.N. (2004): o.N., *Etappensieg*, Frankfurter Allgemeine Zeitung, 14.08.04, Frankfurt, 2004

o.N. (2003): o.N., *Reducing nuclear Dangers in South Asia*, article based on a Yale Global Online publication, The Statesman of India, 11.09.03, 2003

Raman (2005): Raman, B., *Pakistan more important for safeguarding US interests*, India Abroad (New York Edition), 08.04.05, Vol. 35, Issue 28, [Proquest 02.03.06] http://proquest. umi.com/pqdweb?did=836913071&Fmt=3&clientId=4273&RQT=309&VName=PQD

Rocca (2005a): Rocca, C., *United States policy towards South Asia*, Journal of International Security Assistance Management, Fall 2005, vol. 28/1, 2005

Rubin (2005): Rubin, B., *Afghanistan and the international community: Toward a post-Bonn compact*, in: Afghan Update, No. 10, United Nations, New York, 2005

Shah (2002): Shah, A., *Karzai Balancing Act - Afghan leader Hamid Karzai must ensure that his improving relations with India do not alienate Pakistan*, RCA, Nummer 102, 01.02.02 [Internet 02.03.06] http://iwpr.gn.apc.org/?s=f&o=177444&apc_state=henirca2002

Shuja (1999): Shuja, S., *Nuclear proliferation in South Asia*, Contemporary Review, 06/99, 274 - 1601, Research Library, 1999

Verfassung (2004): *Die Verfassung der Islamischen Republik Afghanistan*, nach dem Erlass des Präsidenten der Übergangsregierung vom 27.01.04, übersetzt im Auftrag des Max-Planck-Institut für ausländisches öffentliches Recht und Völkerrecht, Heidelberg, 2004

Wagner (1999): Wagner, C., *Sicherheitspolitik in Südasien nach den Nukleartests*, in: Draguhn, W. (Hrsg), Indien 1999, Institut für Asienkunde, Hamburg, 1999

Wagner (1995): Wagner, C., *Regionale Konflikte, Rüstungswettlauf und nukleare Proliferation in Südasien*, Rostocker Informationen zu Politik und Verwaltung, Rostock, 1995

1   Gegenstand und Gang der Untersuchung

Südasien ist, obgleich durch Gebirge vom Rest des Kontinents getrennt, ein in vieler Hinsicht sehr wichtiger Teil Asiens. In der Region, eine der ärmsten der Welt, leben über 20% aller Menschen. Davon allein in Indien eine Milliarde. Darüber hinaus gehören Bangladesch, Bhutan, die Malediven, Nepal, Pakistan und Sri Lanka zu Südasien. Afghanistan, dem das Hauptaugenmerk der Arbeit gilt, wird oft ebenfalls dazugezählt, geographisch gehört es jedoch eher zu Zentralasien.

Warum man sich dieser Region sowie Afghanistan besonders widmen sollte wird nicht nur klar, wenn man der Einschätzung des US National Intelligence Councils glaubt, nach der das Risiko eines (vielleicht sogar nuklearen) Krieges in Südasien in den nächsten 15 Jahren extrem hoch ist.[1] In dieser Sichtweise würde der schwelende Kaschmirkonflikt zwischen den faktischen Atommächten Indien und Pakistan als Auslöser fungieren und die beiden Staaten investieren deshalb bereits heute munter in ihre Nuklearwaffen.[2] Hinzu kommt, dass sich auch andere regionale Konflikte über Jahre angebahnt haben sowie Pakistan und Afghanistan als bekanntes Rückzugsgebiet des internationalen (islamistischen) Terrorismus gelten.

Daraus ergibt sich nun die Frage, welchen Einfluss diese Nuklearoption Südasiens auf das neue Afghanistan momentan hat.[3] Es geht mithin darum, wie die regional-strategische Perspektive der afghanischen Regierung lautet (sofern es eine gibt) und was es für das mittlerweile unabhängige Land bedeutet, Nachbar mehrerer Nuklearstaaten zu sein. Der 'alte' Afghanistan-Konflikt spielt somit weniger eine Rolle in der Diskussion. Stattdessen steht gerade die Nuklearoption Südasiens im Mittelpunkt und es wird gezeigt, wie das nicht-nukleare Afghanistan in diesem Balanceakt zwischen Macht, Religion, Armut und Sicherheitsstreben dasteht.

Wichtig für die Arbeit scheint nun besonders die Verwendung von Primärquellen wie Interviews, Programmen und Artikeln sowie wissenschaftlicher Sekundärliteratur zu sein. Dazu muss jedoch angemerkt werden, dass nur wenig passende Literatur zum Thema auf Deutsch / Englisch verfügbar ist. So gibt es zwar die so genannten Bonner und Berliner Erklärungen

---

[1] Vgl. o.N. (2003)
[2] Vgl. Rocca (2005), S. 99 - 103
[3] Die indischen und pakistanischen Atomtests 1998 haben u.a. Afghanistan seither vor die Frage gestellt, was man macht, wenn Nachbarn mit 'Kanonen auf Spatzen' (Kaschmir) schießen? Es stellt sich demnach die Frage, wie man mit seinem dann Nachbarn umgeht bzw. vorgehen will.

sowie Reden afghanischer Politiker in der UN-Vollversammlung, im Grunde kann die Quintessenz daraus jedoch immer nur lauten, das neue Afghanistan[4] strebt künftig einen friedvollen Umgang mit den Nachbarn und der Welt an. Dass dies für eine wissenschaftliche Arbeit keine befriedigende Aussage ist, und es somit auch keiner solchen Arbeit bedürfte, ist klar. Deshalb wird in der Folge dennoch versucht, anhand unterschiedlicher Materialien den Einfluss des Nuklearwaffenarsenals seiner Nachbarn für Afghanistan auszuloten, obgleich das Land selbst zurzeit wohl dringendere Probleme hat.[5]

Diese Nebenbemerkung wiederum leitet direkt zur Arbeitshypothese über: Wenn das neue Afghanistan nach dem offiziellen Sturz der Taliban frei, unabhängig und demokratisch gewählt regiert ist, dann hat es nun wie auch immer geartete Möglichkeiten, des Verhalten seiner Nachbarn zu beeinflussen. Demzufolge spielt die Analyse des Einfluss' der Nuklearoption (insbesondere) Südasiens auf das Land eine wichtige Rolle. Wenn Afghanistan hingegen nur auf dem Papier souverän ist und die Regierung national keine Gewalt hat, dann gilt dies faktisch sicherlich auch für internationale Belange und der Einfluss auf die Nuklearoption ist 'null'.[6]

Letzteres wird angenommen und vermutet, dass Afghanistan sich zwar der Nuklearoption seiner (südasiatischen) Nachbarn bewusst ist, diese vielleicht auch wirklich fürchtet, aktuell aber andere Fragen beantworten muss – und sich ohnehin unter Beobachtung (und dem Schutz) der Weltöffentlichkeit befindet. Dazu soll diese Annahme nach der kurzen Einleitung logisch begründet werden und als 'roter Faden' gilt: einleitend das Wo & Wer (im Kapitel 2 über Afghanistan), erklärend das Was (im Kapitel 3 über die Nuklearoption) sowie fragend das Wieso (im Kapitel 4 über die möglichen Bedrohungsgründe für Afghanistan). Abgeschlossen wird die Arbeit mit einer Zusammenfassung der Situation und einer Bewertung.

---

[4] Was auch immer dies heißt, wie im Verlauf der Arbeit erläutert wird. Vorab nur soviel: Autoren sprechen der Regierung die Regierungsgewalt ab und verweisen auf Warlords und die Taliban.
[5] Dies ist eine Annahme aufgrund von Berichten über die Situation im Land. Beispiel: Sicherheit!
[6] Dabei ist jedoch zu beachten, dass jeder Staat, egal wie nachhaltig dies dann tatsächlich verfolgt werden kann, versucht seine Interessen öffentlich kundzutun und durchzusetzen.

2 Land im Umbruch – 30 Jahre Krieg, Zerstörung und Neuanfang

Afghanistan blickt nicht nur in jüngster Zeit, sondern seit vielen Jahrhunderten, auf eine turbulente Geschichte. So befand sich der Staat aufgrund seiner Lage im letzten Jahrtausend erst unter muslimischer und dann mongolischer Herrschaft – und stand seither immer im Interessenfeld ausländischer Mächte.[7] Für die Hausarbeit scheint aber besonders die Betrachtung der letzten 30 Jahre vonnöten.

2.1 Bürgerkrieg und Stellvertreterkrieg zwischen Ost und West

Als Mohammed Daoud seinen Cousin König Sahir im Jahre 1973 stürzte um sich selbst zum afghanischen Präsidenten wählen zu lassen, ahnten nur wenige dass dies der Auftakt dreier blutiger Jahrzehnte war[8]; aus diesem Grund wurde wohl auch nur unzureichend zur Kenntnis genommen, dass das Nachbarland Indien einen ersten Atombombentest unternommen hat. 1978 wurde Daoud dann seinerseits von der sozialistisch orientierten Demokratischen Volkspartei gestürzt, die das rückständige Afghanistan modernisieren und Reformen[9] durchführen wollte.

Dies stieß jedoch auf Ablehnung, aus der Widerstand[10] im Kampf gegen die Regierung kam - womit der afghanische Bürgerkrieg begann. In diesem sah sich die sozialistische Regierung 1979 genötigt, das traditionell verbundene Moskau um Streitkräfte zu bitten; dies wiederum veranlasste die USA die Regierungsgegner unterstützen – und weitete so den Krieg zum Ost-West-Stellvertreterkrieg.[11]

2.2 Aufstieg und Fall des Taliban-Regimes

Da der Krieg in rund zehn Jahren nur einen Patt erreichte, eine weltpolitische Krisenzone entstand und das Land verwüstete, zogen die Sowjet-Truppen 1988/89 ab. Damit übernahmen die siegreichen Mudschaheddin die Macht und begannen, sich gegenseitig zu bekämpfen.

---

[7] Vgl. Fortuna (2004), S. 63f
[8] Ebenda
[9] Geplant waren eine Bodenreform, Gleichstellung und Abschaffung des Schleierzwanges.
[10] Fortan 'Mudschaheddin' genannt; u.a. unterstützt durch Stammesführer, reiche Großgrundbesitzer und islamische Mullahs - die oft aber nur der heilige Krieg gegen die Ungläubigen einte.
[11] Den USA ging es dabei wohl darum, direkt an der sowjetischen Grenze einen Unruheherd zu schaffen. Hinzu kam, dass auch etliche islamische Länder die Glaubenskrieger unterstützten.

Sieger dieser Auseinandersetzungen waren die Taliban[12], die so weite Teile des Landes[13] kontrollierten und einen strengen Gottesstaat ausriefen. In der Folge übernahm ein Rat die Regierungsgeschäfte und setzte das islamische Recht[14] in Kraft. Insgesamt konnten die Taliban bis Ende 2000 etwa 95 Prozent des Landes[15] kontrollieren.[16] Da Afghanistan erneut / noch immer so mit sich selbst beschäftigt war, kann man hier ebenfalls davon ausgehen, dass auch 1998 die erste Atomtestserie Pakistans bzw. die zweite Indiens – ebenso wie Kargil 1999 – nicht nennenswert zur Kenntnis genommen wurden.

Als dann die USA nach den 09/11-Terrorangriffen die sofortige Auslieferung des Verantwortlichen Osama bin Ladens, der in Afghanistan Gastrecht besaß, verlangte, eskalierte die Situation weiter[17]. Die unterdessen gebildete Antiterrorkoalition wuchs und die NATO stellte auf Druck der USA den Bündnisfall fest.

Trotzdem weigerten sich die Taliban, bin Laden auszuliefern und kündigten Widerstand an. Als Reaktion flogen die USA und Großbritannien ab Oktober 2001 Luftangriffe - woraufhin bin Laden den Heiligen Krieg[18] gegen Juden und Christen ausrief. Mitte November waren Taliban und al-Kaida aber weitgehend besiegt.

Da die politischen, wirtschaftlichen und administrativen Strukturen des Landes infolge der Kriege und Taliban-Herrschaft zerstört waren, fand auf UN-Vermittlung Ende November 2001 in Bonn eine Afghanistan-Konferenz statt. Diese sollte über die Neuordnung und Zukunft des Landes zu beraten und man konnte bereits Anfang Dezember ein Abkommen über das weitere Vorgehen unterzeichnen.[19]

2.3 Übergangsregierung und Regierung Karzai

Etwas mehr Stabilität kam ins Land als Mitte Dezember 2001 die Interimsregierung[20] unter Ministerpräsident Hamid Karzai,[21] von vielen jedoch als Marionette der USA verunglimpft,[22]

---

[12] Die Taliban-Bewegung entstand Anfang der neunziger Jahre im Umfeld paschtunischer Flüchtlinge in Pakistan; deren Ideologie ist ein Mix aus einem konservativen und verfälschten Islam.
[13] Nur der Norden konnte von der Nordallianz gehalten werden.
[14] Scharia
[15] Der Rest wurde weiterhin von der Nordallianz gehalten.
[16] Dabei wurde ihr neuer 'Staat' aber nur von wenigen – islamischen – Staaten offiziell anerkannt.
[17] Vgl. Fortuna (2004), S. 63ff
[18] Jihad
[19] Vgl. Baraki (2004), S. 25 – Die Konferenz soll jedoch massiv von den USA manipuliert worden sein; darüber hinaus meinen manche, sogar der Afghanistan-Einsatz war lange vor 9/11 geplant.
[20] In der Literatur oft auch mit Afghan Transitional Authority (ATA) bezeichnet.

ihre Arbeit aufnahm. Außerdem hatte der UN-Sicherheitsrat zuvor das Mandat für die International Security Assistance Force (ISAF) erteilt. Ferner fanden ab April 2002 Wahlen zum Grossen Rat[23] statt, der Karzai als Vorsitzenden der Übergangs- bzw. Interimsregierung bestätigte.[24]

Nach einigen Anlaufschwierigkeiten sowie einer Währungsreform 2003 ratifizierte der Große Rat Anfang 2004 eine neue Verfassung und setzte sie in Kraft.[25] Laut dieser ist Afghanistan eine 'islamische Republik', Recht und Gesetz widersprechen nicht den Werten des Islam; die Scharia wird aber nicht eingeführt. Der Islam ist als Religion des Landes festgeschrieben, Religionsfreiheit und Gleichstellung aller – Männer wie Frauen – sind jedoch verbrieft. Damit war die wichtigste Voraussetzung für demokratische Wahlen geschaffen. Diese, die ersten freien und direkten Präsidentschaftswahlen, fanden am 9. Oktober 2004 statt. Sie verliefen nach Ansicht internationaler Wahlbeobachter überwiegend ordnungsgemäß und Hamid Karzai wurde mit überwältigender Mehrheit bestätigt.

Hauptgrund war wohl, dass es Karzai und der Interimsregierung angeblich gelang, dem noch immer von Warlords und regionalen Machthabern dominierten Land relative Ruhe und Stabilität[26] zu bringen und Konflikte zwischen Ethnien, Stämmen und Clans in Kooperation mit diesen von der bewaffneten mehr auf die politische Ebene zu bringen.[27] Zudem machte der Wiederaufbau kleine Fortschritte[28] und Karzai erhielt konkrete Hilfszusagen. Damit sind Afghanistans Probleme jedoch noch nicht gelöst[29] – und Afghanistan ist von einer Demokratie weit entfernt.[30]

---

[21] Er kämpfte mit den Mudschaheddin und fungierte als Mittelsmann zu den USA. Nach dem vermeintlichen Ende des Krieges 1992 amtierte Karzai als stellvertretender Außenminister. Auch konnten ihn die Taliban kurzzeitig gewinnen; das Verhältnis kühlte jedoch ab und Karzai soll die USA vor den Taliban und Osama bin Laden gewarnt haben. Heute ist er nach Meinung mancher ausschließlich durch die Hilfe der USA afghanischer Präsident geworden. In: Baraki (2004), S 30
[22] Vgl. Maaß (2002), S. 47
[23] Loya Dschirga
[24] Vgl. Maaß (2002), S. 43ff – Karzai war für mehr Entscheidungsbefugnisse – das 'afghan ownership' – und galt als 'Hoffnungsträger', was ihm einen enormen Stimmenvorsprung verschaffte.
[25] Vgl. Baraki (2003), S. 1465
[26] Vgl. Baraki (2003), S. 1463ff – Was aber von Autoren / Beobachtern bezweifelt wird. So argumentieren manche, Afghanistan sei mehr ein NATO-Protektorat, denn ein funktionierender Staat.
[27] Aus eigener Erfahrung in Kabul kann der Autor dies allerdings nur schwer nachvollziehen.
[28] Dass dies nicht schlagartig geht zeigt auch eine Aussage Annans, in der er dem Friedensprozess und der Konsolidierung Afghanistans mehr als nur 36 Monate zubilligt. In: Fortuna (2004), S 63ff
[29] Vgl. Baraki (2004), S. 30
[30] Vgl. o.N. (2004), S. 10

3 Nuklearoption – bedrohlich für Afghanistan?

Wie sich die Herausforderungen in Bezug auf die Nuklearoption nun konkret für Afghanistan gestalten soll auf den folgenden Seiten kurz skizziert werden. Dazu wird die bunte Mischung der für das Land bzw. Südasien allgemein regional relevanten Nuklearmächte kurz beschrieben und eine Einordnung gegeben.

Kernwaffen markieren sicher eine Wende in der Menschheitsgeschichte, da sie durch ihre Kraft und Radioaktivität eine Existenzbedrohung der Welt darstellen. Auf der anderen Seite konnte durch die gegenseitige Abschreckung im Kalten Krieg ein größerer militärischer Konflikt zwischen den Blöcken wohl verhindert werden. Allerdings sind trotz der Öffnung des Eisernen Vorhangs die Kernwaffen nicht wieder verschwunden; stattdessen strebt, teilweise mit Erfolg, eine zunehmende Zahl kleinerer Staaten (und Terrorgruppen![31]) nach der Nuklearoption um die eigene Sicherheit zu erhöhen bzw. territoriale Machtansprüche durchzusetzen.

3.1 Altbekanntes: China, Russland & USA

Die fünf ständigen Mitglieder des Weltsicherheitsrats – China, Frankreich, Großbritannien, Russland und die USA – gelten als offizielle Atommächte. Sie sind im Atomwaffensperrvertrag als Staaten mit Kernwaffen aufgeführt.[32] Obwohl nie von offizieller Seite bestätigt, gilt es darüber hinaus als unstrittig, dass auch Israel seit den 1970ern im Besitz von Kernwaffen ist, da das Land in der Vergangenheit seinen Nachbarländern bereits mehrfach mit deren Einsatz gedroht hat.[33]

Für Afghanistan spielen besonders die USA aktuell eine Rolle, sind diese doch die Leitnation im Anti-Terrorkampf, maßgeblich an den Militäroperationen im Land beteiligt und verfügen über besondere Machtinteressen. Auch haben sich die USA während des Afghanistan-Kriegs Pakistan zugewandt und unterstützen mittlerweile Indien ebenfalls militärisch.[34] Ein Einsatz von US-Kernwaffen in / gegen Afghanistan sowie in Südasien allgemein scheint per heute je-

---

[31] Diese können durch Kernwaffen mit geringem Aufwand großen Schaden anrichten, während Kernwaffen im Kampf gegen den Terrorismus vollkommen ungeeignet sind.
[32] Vgl. Shuja (1999), S. 288
[33] Vgl. Shuja (1999), S. 286
[34] Vgl. Raman (2005) – Nach Ansicht Washingtons ist Pakistan aber militär-taktisch wichtiger als Indien, weil die Jagd auf al Kaida noch nicht zu Ende ist. Letztlich geht es jedoch besonders darum, Musharraf und Karzai im Amt zu halten sowie den Iran vom Atomwaffen-Bau abzuhalten.

doch ausgeschlossen. Generell ist Südasien jedoch klar ins Zentrum amerikanischer Sicherheitspolitik gerückt, da hier sicherheitspolitische Bedrohungsszenarien verbunden sind.[35]

Gleiches gilt für Russland als 'Nachfolger' der Sowjetunion. Das Land hat sich zu Zeiten des Kalten Krieges zwar massiv in Afghanistan engagiert und sich dabei mit Indien gut, mit Pakistan nicht verstanden; heutzutage verfolgt man jedoch andere Pläne (Machterhalt, Wirtschaft) und versucht dies diplomatisch zu erreichen.

Lediglich China hat in Südasien einen großen (nuklearen) Einfluss[36] und sich klar positioniert: gegen Indien. Der Rivale sollte bisher (ändert sich vielleicht gerade) mit allem Mitteln daran gehindert werden, den Wettlauf um Absatzmärkte, Rohstoffe und Investitionen im Zeichen der Globalisierung zu gewinnen.

Militärisch jedoch war die China, außer während des Grenzkonflikts 1962 mit Indien, eher nicht aktiv – sieht man von der Lieferung von Waffentechnologie an Pakistan ab, dessen enge Kooperation mit Nordkorea auf dem Gebiet der Atomtechnologie und bei Trägersystemen von China jedoch heftig kritisiert wurde.[37]

3.2 Neue Spieler: Nordkorea, Iran und Irak

Dies erschien später auch nicht nur aus chinesischer Sicht sinnvoll, da Nordkorea 2005 wohl aus Angst vor einem Regimewechsel erklärte, Kernwaffen entwickelt zu haben. Obwohl dies von verschiedenen Seiten bezweifelt wird ist unstrittig, dass Nordkorea mit pakistanischer Hilfe ein ambitioniertes Kernwaffenprogramm gestartet hat und die Brennstäbe länger als zivil nötig im Reaktor verbleiben.

Im Unterschied zum Irak, wo sich die Existenz von Massenvernichtungswaffen legendär als falsch herausstellte, gilt der Kernwaffenbesitz des Iran als möglich, aber nicht gesichert. Das iranische Programm gilt als ambitioniert, dient offiziell aber nur der zivilen Nutzung.[38] Auch hier ist die Angst vor einem Regimewechsel der Grund gepaart mit dem Wettrüsten mit Israel. Hinzu kommt, dass andere Nahost-Staaten (Syrien, Libyen, Ägypten und Saudi-Arabien) ebenfalls ein militärisches Nuklearprogramm starten könnten. In wiefern die iranischen Waffen

---

[35] Weiterverbreitung von Massenvernichtungswaffen, islamistischer Fundamentalismus und Terrorismus sowie Drogenanbau und Drogenhandel.
[36] Vgl. Mitra (2001), S. 370 – 'China is a key player whose presence changes [...] calculations ...'
[37] Ebenda – 'Pakistan knows she has to count on herself.'
[38] Vgl. o.N. (2006) – Der afghanische Präsident Karzai hat sich ausdrücklich dafür ausgesprochen, dass der Iran ein ziviles Atomenergie-Programm unterhalten darf und sich so etwas grundsätzlich auch für Afghanistan gewünscht; gegen Nuklearwaffen sei er jedoch ganz entschieden.

dann in Südasien zum Einsatz kommen könnten, ist fraglich. Ein Abstrahlen des Rüstungswettlaufs auf andere Industriestaaten (Japan, Südkorea) aber möglich.

Allerdings werden dem afghanischen Verteidigungsminister Fahim, er wurde 2002 zum Marschall ernannt, sehr gute persönliche Kontakte zum Iran und den anderen umliegenden Nuklearstaaten (insbesondere Russland und Indien) nachgesagt. Darüber hinaus genießt er eine herausragende Position im Kabinett Karzai, ist dessen erster Stellvertreter und kann damit das Land wohl ganz gut schützen.[39]

In einem Zug mit diesen so genannten 'Schurkenstaaten' sind auch Terroristen sowie Terrorgruppen zu nennen. Es gibt verdichtete Befürchtungen, dass diese sich auf dem internationalen Schwarzmarkt mit dem entsprechenden Wissen und den nötigen Rohstoffen eindecken könnten – oder schon haben.[40] Hier wird der Einsatz einer 'schmutzigen Bombe' jedoch wohl eher nicht in Südasien sein.

3.3 Die 'Locals' – Indien & Pakistan

Indien und Pakistan sind nicht im Atomwaffensperrvertrag als Atommächte aufgeführt, besitzen erwiesen aber trotzdem Kernwaffen / Trägersysteme und sind somit faktisch sehr wohl Atommächte. Im Falle Indiens geschah dies aus einer starken Position heraus und lässt sich mit dem Symbol eines 'wehrhaften' Hinduismus erklären. Außerdem ist Indien die größte und wichtigste Macht auf dem Subkontinent. Glaubt man einer US-Einschätzung, dann wird das Land im 21. Jahrhundert zur Weltmacht aufsteigen[41] und keiner kommt mehr daran vorbei.

Für Afghanistan bedeutet Indiens Nukleardoktrin, dass die Waffen generell nur gegen Nuklearstaaten verwendet würden und – beispielsweise im Fall Pakistans – auch nie zuerst, sondern immer nur als Vergeltung und zur Abschreckung eingesetzt werden. Nuklearwaffen seien ein politisches, kein militärisches Mittel; womit sich auch der Einsatz während eines sich dramatisch zuspitzenden Wirtschaftswettstreits mit China kategorisch ausschließt.

Unsicherheit und Angst waren hingegen die Antriebskräfte des pakistanischen Atomprogramms, weil man Indien als feindlich, militärisch dominant und alleinigen Nuklearstaat auf dem Subkontinent nicht hinnehmen wollte.[42] Hinzu kam, dass das Nuklearprogramm auch

---

[39] Vgl. Maaß (2002), S. 47f.
[40] Vgl. Rocca (2005), S. 99 - 103
[41] Vgl. Rocca (2005), S. 100
[42] Vgl. Shuja (1999), S. 288

Ausdruck der Rivalität beider Länder seit Staatsgründung durch Spaltung des Subkontinents ist und der Islam als große Unterscheidung zum wehrhaften indischen Hinduismus auftreten sollte. Letztlich ging es also um die Unterscheidung zwischen innenpolitischen Antriebsmotoren und außenpolitischen Zielsetzungen.

Für Afghanistan scheinen sowohl pakistanische, als auch indische Atomwaffen keine akute Bedrohung zu sein; es hat vielmehr den Anschein, dass diese beiden Staaten so sehr mit sich selbst beschäftigt waren und sind, dass ihnen ihr Umfeld weniger relevant schien – und, um noch mehr Waffen und Unterstützung zu bekommen, werden sogar national-moralische Einbußen in Kauf genommen.[43]

Dem gegenüber steht jedoch, dass aber auch gerade im Verhältnis zu Pakistan oft Missverständnisse auftreten. So benennt Pakistan unter Hinweis auf die gemeinsame Geschichte seine atomwaffenfähigen Trägerraketen schon lange nach afghanischen (muslimischen) Nationalhelden (!)[44]. Darauf von Afghanistan angesprochen und um Unterlassung gebeten, vermeidet Pakistan jeden Kommentar. Dies kann jedoch auch umgekehrt passieren: So hat sich Pakistan von Hamid Karzai massiv verunglimpft gefühlt, als dieser angeblich bereits geprüfte und jetzt veraltete Geheimdienstinformationen zum pakistanischen Aufenthaltsort von Taliban-Führern veröffentlicht hat. Pakistans Präsident hat Karzai deshalb ungewöhnlich hart vorgeworfen, er wisse überhaupt nicht, was in seinem eigenen Land los sei.[45]

---

[43] Vgl. o.N. (2005b), S. 58 – Auf US-Druck konnte sich Pakistan nun doch durchringen, einer Gas-Pipeline vom Iran (!) nach Indien (!!!) zuzustimmen – und erhielt im Gegenzug F-16-Flugzeuge.
[44] Vgl. Dummett (2006)
[45] Vgl. Vgl. o.N. (2006b)

4   Warum könnte Afghanistan nuklear bedroht sein?

Nach den Jahren des Krieges und der Unsicherheit steht Afghanistan nun vermeintlich vor einem 'Scherbenhaufen' seiner selbst. Interne Probleme (Infrastruktur, Drogen) müssen konsequent angegangen werden; äußere Herausforderungen hingegen können und werden von anderen Parteien vermittelt oder vielleicht sogar gelöst. Ein Beispiel hierfür ist der Kaschmir-Konflikt Indiens und Pakistans.

Doch warum könnten fremde Staaten überhaupt ein Interesse – außer wegen der rund 650.000 qkm Fläche – an Afghanistan haben? Und warum sollte der Binnenstaat Süd- oder Zentralasiens nuklear bedroht sein? Hierfür lassen sich drei, eben schon angedeutete, Bereiche definieren: die Lage Afghanistans sowie innere und äußere Herausforderungen. Alle für sich genommen rechtfertigen wohl nicht den Einsatz von Nuklearwaffen gegen Afghanistan. Die Mischung der Faktoren sowie externale Effekte können jedoch sehr wohl eine reale Bedrohung entstehen lassen.

4.1   Geostrategische Lage – oder Niemandsland

Zuerst muss wohl die Lage des Landes als Plus genannt werden. Deshalb wurden Besitzansprüche in der Vergangenheit sowohl von pakistanischer, als auch indischer Seite geltend gemacht – und sind am blutigen Geschichtslauf erkennbar. Immerhin, obwohl das Land keinen Meerzugang hat, gebirgig, wüstenreich und klimatisch herausfordernd ist, befindet sich Afghanistan auch heute noch immer im Macht- und Einflussbereich vieler. Relativ kurze Distanzen zu internationalen Playern – und Schurken – sowie logistische Vorteile als Durchgangszone in Bezug auf Waren und Rohstoffe machten / machen Afghanistan interessant;[46] das Land kann als Landbrücke zwischen Zentral- und Südasien dienen.[47]

Gute Nachrichten kommen dann aus dem Rohstoffbereich: die US-Ölgesellschaft Unocal konnte 2003 verkünden, dass ab 2005 / 2006 endlich eine lange geplante Gas- und Erdöl-Pipeline von Turkmenistan durch Afghanistan und Pakistan bis zum Indischen Ozean fertig gestellt sein soll.[48] Die USA versuchen zwar offiziell Stabilität, Demokratie, Modernisierung

---

[46] So stellen der Himalaja und die Unsicherheit Irans keine Alternative für die Wegführung dar. Afghanistan wurde bereits früher schon von der 'Seidenstrasse' durchschnitten.
[47] Vgl. Rocca (2005), S. 101
[48] Vgl. Baraki (2004), S. 28

und Wachstum nach Südasien zu bringen[49]; wie kann man o.g. Meldung jedoch sonst verstehen, als dass Afghanistan für die USA dort lediglich das aktuell wichtigste Land zur Energiesicherung ist?!

Neben wirtschaftlichen Überlegungen ist jedoch auch das Sicherheitsstreben der Nachbarn Afghanistans von Bedeutung. Früher war das Land (bzw. während des Bürgerkriegs auch Pakistan) einer der Pufferzonen zwischen Ost und West. Heute kann man Afghanistan sicher wieder als Puffer – zwischen dem Nahost (besonders Iran, Irak) und Südasien / Fernost (Pakistan, Indien und China) – bezeichnen.

Hinzu kommt, dass die Erzfeinde Pakistan und Indien sich in unmittelbarer Nähe befinden. Zu beiden unterhält das neue Afghanistan zwar diplomatische Kontakte, von einer echten Freundschaft kann man momentan bei beiden jedoch wohl eher nicht sprechen.[50] Zwar gab es in der jüngeren Vergangenheit wieder einige hochrangige Treffen mit Pakistan – weniger mit Indien[51] –, der teilweise ungeklärte Grenzverlauf insbesondere mit Pakistan[52] und die Tatsache, dass das Land erst vor kurzem Herkunfts- und Rückzugsort der Taliban war / ist, machen das Zusammenleben schwer und stellen ein Element der Bedrohung dar. Nichtsdestotrotz wäre es wünschenswert, wenn die drei Länder ihre Beziehungen verbessern.[53]

Grundsätzlich lässt sich festhalten, dass sich das Verhältnis Pakistan-Afghanistan in den letzten Jahren verbessert hat. So macht sich Präsident Karzai sogar für ein Schengen-ähnliches Reisen zwischen beiden Staaten stark[54]; früher wegen terroristischer Gefahren undenkbar – oder auch wegen fehlender Grenzkontrollen.

Afghanistan seinerseits versucht eine weitestgehende Neutralitätspolitik zu beiden zu verfolgen – Druck erzeugt Gegendruck. Pakistan ist in dieser Beziehung mittlerweile Herausforderung und Anker zugleich[55]; es kann Afghanistan beim Aufbau eines stabilen, demokratischen

---

[49] Vgl. Rocca (2005), S. 99
[50] Zur Zeit der Taliban-Regierung war das Verhältnis zwischen Pakistan und Afghanistan sehr eng, da beide Länder muslimisch sind und die Taliban ihre Wurzeln ohnehin in Pakistan haben. Hinzu kam, dass auch die 2002 unter UN-Aufsicht gemachte 'declaration of good neighbouring relations' keine bindende Wirkung für Afghanistan und Pakistan entfalten konnte.
[51] Vgl. Shah (2002) – Scheint sich jedoch gerade zu ändern.
[52] Hier handelt es sich um die so genannte 'Durand'-Linie. Sollte es an dieser zu bewaffneten Konflikten kommen, dann müsste Indien seine Bündnispflicht gegenüber Afghanistan einlösen. Ergo: Wenn diese ungeklärte Grenze verschoben würde, dann käme es wohl zum Krieg in der Region.
[53] Vgl. Shah (2002)
[54] Vgl. o.N. (2006a)
[55] Vgl. Rocca (2005), S. 100

Systems unterstützen; birgt wegen o.g. Grenzstreitigkeiten und der nuklearen Prolieferation jedoch auch Schwierigkeiten.

4.2 Interne Herausforderungen

Betrachtet man Afghanistan hingegen von innen, dann sieht man dort zwar keine Nuklearwaffen, jedoch Drogenanbau und Drogenhandel, Warlords, Macht oder Ohnmacht der Zentralregierung und die sich daraus ergebende Frage nach Stabilität. Es fehlt an einer Zentralgewalt, die die errungene Demokratie effektiv nutzt und die neu erwachte Koalition aus Al Qaida und Taliban wirksam bekämpft.

Dafür wird selbst die lange undenkbare Idee einer afghanischen Nationalarmee zwar langsam umgesetzt; Erfolge stellen sich jedoch keine großen ein.[56] In diesem Zusammenhang versuchen wenigstens NATO und UNO das Land von außen wieder in Strukturen und Sicherheitsnetze einzubinden. Und, welcher symmetrische Angreifer würde sich trauen, diese Netze zu durchbrechen oder zu unterlaufen?[57]

Allerdings wirkt in Afghanistan auch Jahre nach der offiziellen Überwindung der Taliban-Herrschaft deren Erbe noch und die Folgen der Kriege sind unverkennbar. So kann der Autor aus eigener Anschauung berichten, dass die Hauptstadt Kabul auch Ende 2005 wohl eher einem erst kürzlich verlassenen Schlachtfeld, denn einer prosperierenden und im Wiederaufbau befindlichen Stadt gleicht.

Obgleich die Wirtschaft sich dort zu erholen scheint, wurden doch nur wenige Geschäftslizenzen[58] beantragt – und diese oft von Strohmännern reicher Warlords oder korrupten Regierungsmitgliedern und Beamten[59]. Der einzig wirklich gut funktionierende Wirtschaftszweig scheint allerdings der Drogenanbau und dessen Handel zu sein. Experten schätzen, dass zurzeit mehr als zwei Drittel des Weltangebots, sowie über 90% des in Europa verbrauchten Heroins aus Afghanistan kommen.[60] Dass dies sogar offiziell bekannt ist – man spricht von Afghanistan als einem 'Drogenmafiastaat' – macht die Sache jedoch nicht gerade einfacher.[61]

---

[56] Vgl. Baraki (2003), S. 1470 – Die Aussage ist zwar zwei Jahre alt; Vieles scheint jedoch aktuell.
[57] Vgl. Baraki (2003), S. 1470 – Dennoch bestreiten manche dies und stellen die Sicherheit in Kabul und in den Provinzen in Frage. Diese Aussage kann der Autor aus eigener Erfahrung teilen.
[58] Vgl. Baraki (2003), S. 1466
[59] Ebenda
[60] Vgl. Baraki (2003), S. 1466
[61] Vgl. Baraki (2003), S. 1466 – Laut afghanischem Finanzminister Ashraf Ghani.

Als weitere Herausforderung neben der zunehmenden Radikalisierung ist der Umgang mit der ungewohnten Freiheit zu nennen. Diese wurde zwar angenommen, man weiß aber nicht so richtig wie man damit umgehen soll.[62] So gab es zu Taliban-Zeiten keine und selbst mittlerweile nur wenige afghanische Medien. Damit wir auch verständlich, wieso in Afghanistan selbst nur wenig bekannt, wie wichtig das Land aktuell für die internationale Sicherheit geworden ist.

In diesem Zusammenhang scheint es interessant, dass nicht wenige Afghanen glauben, die USA hätten 9/11 bewusst in Kauf genommen um einen Grund zu haben, in Afghanistan eine Basis für Ihren Kampf gegen den Irak und den Iran zu haben.[63] Außerdem bietet das Land eine gute strategische Ausgangslage um China und die beiden Erzfeinde Pakistan und Indien besser beobachten zu können.

4.3 Externe Einflüsse

Der wohl wichtigste externe Einfluss auf Afghanistan sind die momentan im Land befindlichen Truppen und internationalen Organisationen. Diese formen und beeinflussen das Tagesgeschehen in einem solchen Maß, dass man die Eigenständigkeit des Landes fast bezweifeln könnte. So werden beispielsweise 95% des afghanischen Haushalts nicht selbst, sondern von den Geberländern finanziert.[64]

Auch das 'tit-for-tat'- Spiel und der Rüstungswettlauf[65] der verfeindeten Staaten Pakistan und Indien sind nicht gerade förderlich für Afghanistan und Südasien;[66] sie haben stattdessen ein Klima der ständigen Angst und des sich gegenseitigen Beobachtens geschaffen. Nichtsdestotrotz gibt es Anzeichen einer Kooperation zwischen beiden Staaten[67] – mittlerweile sogar mit zunehmender Tendenz.

Dies kann jedoch nicht darüber hinwegtäuschen, dass die unterschiedlichen Religionen ein Hemmnis für eine weitere Annäherung darstellen. Pakistan pflegt die islamische Verbundenheit und zählt sich selbst zur Kernregion des Islam; Indien hingegen vertritt den wehrhaften

---

[62] Vgl. Geere (2002)
[63] Ebenda
[64] Vgl. Baraki (2004), S28ff.
[65] Vgl. Mitra (2001), S. 361
[66] Vgl. Rubin (2005), S. 5
[67] Vgl. Mitra (2001), S. 365

Hinduismus und die Einheit seiner Union. Daran hat sich jüngst auch immer wieder der Kaschmirkonflikt (s.u.) entzündet.

Getreu dem Motto 'wars occur because there is nothing to prevent them'[68] kann Afghanistan somit einzig auf die internationale Aufmerksamkeit und die Hilfe der ISAF bauen. Vor einer neuen, eigenständigen Außenpolitik zur Beeinflussung der externen Rahmendaten kann nach intensiver Literaturrecherche jedoch keine Rede sein. Auch finden sich in der neuen Afghanischen Verfassung keine Anzeichen, welche Richtung (außer der Neutralität) eingeschlagen werden soll.

4.3.1 Kaschmir-Konflikt

Kaschmir war in seiner wechselvollen Geschichte, wie Afghanistan auch, immer Kreuzungspunkt von Karawanenstraßen zwischen Zentral- und Südasien und ist bis heute Schnittpunkt buddhistischer, hinduistischer und islamischer Herrschaftsbereiche. Kaschmir hatte somit stets eine Brücken- und Knotenfunktion inne.[69]

Die Ursache für das, ganz Südasien und den Rest der Welt beunruhigende Spannungsverhältnis[70], gleich einem Pulverfass, ist in der Vereinigung des muslimischen Kaschmirs mit dem hinduistischen Jammu sowie im Teilungsprozess Britisch-Indiens 1947 begründet. Die Region blieb nach 1947 zunächst unabhängig, wurde aber bald zur Konfliktregion, worauf vom UN-Sicherheitsrat 1949 gefordert, aber nie durchgeführt, eine Volksabstimmung über den Beitritt Kaschmirs zu Indien, Pakistan oder die Gründung eines eigenen Staates stattfinden sollte.[71]

Und obwohl die wirtschaftliche Relevanz Kaschmirs nur sehr gering ist, die einzigen nennenswerten Güter sind Kaschmirwolle und Seide, ist neben Indien und Pakistan ist auch die Volksrepublik China indirekt am Konflikt beteiligt.[72] Denn nach der Besetzung eines Teils Kaschmirs durch chinesische Truppen näherte sich Indien verstärkt der Sowjetunion; und Pakistan wurde Verbündeter Chinas.

In den 1990ern wuchsen die Spannungen zwischen Indien und Pakistan und es kam nach zahllosen Treffen und erfolgreichen Atomtests 1999 zu einem 'Versöhnungsgipfel' der

---

[68] Vgl. Mitra (2001), S. 366
[69] Vgl. Wagner (1995), S. 31ff.
[70] Vgl. Kapur (2003), S. 79
[71] Vgl. Wagner (1995), S. 31ff.
[72] Vgl. Kapur (2003), S. 82ff.

14

Staatschefs. Die Vereinbarung vertrauensbildender Maßnahmen hatte jedoch wenig Bestand und Gefechte auf den Kargil-Höhen weiten sich fast zum Krieg. Ausgangspunkt war die Besetzung indischer Gebiete durch muslimische Freischärler, von denen Indien behauptete, sie seien Pakistan-angehörig.[73]

Mangels pakistanischer Kooperation mobilisierte Indien seine Armee und drohte mit Raketeneinsätzen. Dank internationaler Vermittlung und der offen bekundeten Absicht Pakistans, nachdrücklich gegen die Extremisten vorgehen zu wollen, konnte ein direkter Krieg zwischen den beiden gerade noch abgewendet werden.[74] Das Verhältnis Indiens und Pakistans zueinander ist jedoch durch Antipathie sowie die Unfähigkeit geprägt, einzusehen dass sich aus der Dreierbeziehung der beiden und Chinas die Ursachen des Rüstungswettlauf Südasiens ergeben. Demokratie, nicht Sanktionen sind der Weg zum besseren Zusammenleben.[75]

Mit der Nuklearisierung des Konflikts hat auch die Bedrohung Afghanistans eine neue Dimension erhalten. Mehr noch, die Sicherheitslage Südasiens hat sich dramatisch verschlechtert.[76] Und obgleich die Konfliktparteien seit einiger Zeit eine Politik der Entspannung betreiben, ist die Gefahr, dass Nuklearwaffen im Rahmen eines konventionellen (Kaschmir-)Kriegs zum Einsatz kommen, mehr als real.[77]

Nachdem die Arbeit bisher eher externe Faktoren beleuchtet hat, soll im nächsten Kapitel abschließend noch ein Blick auf die neue Verfassung Afghanistans geworfen werden. Kann man davon ausgehen, dass diese der Lage in der sie verfasst wurde, Rechnung trägt und dem neuen Afghanistan einen politischen Rahmen gibt.

---

[73] Vgl. Kapur (2003), S. 82ff.
[74] Vgl. Wagner (1999), S. 133ff.
[75] Vgl. Mitra (2001), S. 377
[76] Vgl. o.N. (2003) – Hier widersprechen sich Beobachter allerdings, denn das so genannte stability-instability-paradox der nuklearen Bedrohung Pakistans und Indiens könnte der Region, ähnlich wie im Kalten Krieg, Sicherheit durch Unsicherheit bringen. Vgl. auch Kapur (2003), S. 101f.
[77] Vgl. Maaß (1999), S. 47 - 74

5 Wie geht die afghanische Verfassung mit der Bedrohung um?

Die Vorgängerin der aktuellen Verfassung stammt von 1987, existierte allerdings nach 1989 aus verschiedenen Gründen nur noch auf dem Papier. So waren der Sturz der Regierung 1992 und die Machtübernahme durch die Taliban 1996 die Auslöser dessen. Die Taliban suspendierten dann sofort alle noch vorhandenen Verfassungsorgane, errichteten ein islamistisches Regime mit der Scharia als Richtschnur und beherrschten das Land durch einen sechsköpfigen Rat.

Nach dem Fall der Taliban im November 2001 leiteten die Vertreter großer, relevanter afghanischer Gruppen auf der Bonner Afghanistan-Konferenz die politische Reorganisation des Landes und die Errichtung demokratischer Strukturen in die Wege. Dazu wurden eine Interimsverwaltung sowie die Einberufung einer außerordentlichen Großen Ratsversammlung[78] beschlossen. Bis zur Verabschiedung der neuen Verfassung wurde die demokratische Verfassung – mit Ausnahme der die Monarchie betreffenden Bestimmungen – von 1964 wieder in Kraft gesetzt.

Am 4. Januar 2004 verabschiedete die Loya Jirga, die Große Ratsversammlung Afghanistans, die neue Verfassung wodurch sie am 27. Januar in Kraft treten konnte. [79] Nach dieser ist das Land fortan eine 'Islamische Republik' und der Islam Staatsreligion; zugleich aber wird das Recht auf Glaubensfreiheit garantiert. Insgesamt folgt die Verfassung meist den im Westen üblichen demokratischen und liberalen Wertvorstellungen, gesteht Gleichberechtigung zu, verbietet Diskriminierung und trägt der ethnischen Vielfalt Afghanistans Rechnung.[80]

Die Exekutive liegt demnach in den Händen eines mit weitreichend bevollmächtigen Präsidenten. Dieser ernennt die Minister; einen Ministerpräsidenten gibt es nicht, dafür aber – ein Zugeständnis an die Ethnien – zwei Stellvertreter. Die Legislative, die Nationalversammlung, besteht aus zwei Kammern: dem von der Bevölkerung gewählten 'Haus des Volkes'[81] und dem 'Haus der Ältesten'[82].

---

[78] Loya Dschirga
[79] Vgl. Verfassung (2004), S. 1ff.
[80] Ebenda
[81] Wulesi Dschirga
[82] Meschrano Dschirga

In Bezug auf die mehr oder weniger konkrete Bedrohung Afghanistans durch südasiatische Nuklearwaffen sagt die Verfassung hingegen nichts aus. Es werden lediglich in der Präambel ganz allgemein Wünsche und Grundbedingungen im Zusammenleben mit seinen Nachbarn und den Völkern der Welt festgeschrieben. Konkret greifbare Aussagen zu der Einstellung Afghanistans dazu fehlen jedoch.[83]

Lediglich zwei Artikel, Artikel acht und Artikel 55, befassen sich näher mit den Fragen der nationalen Souveränität in äußeren Angelegenheiten.[84] So schreibt der Artikel 8 nochmals als eigener Artikel die guten nachbarschaftlichen Beziehungen vor. Artikel 55 hingegen zeigt auf, was passiert wenn die guten Beziehungen einmal nicht mehr gegeben sein sollten: Afghanistan verpflichtet seine Bürger nämlich zur Wehrpflicht und stellt deshalb eine Nationalarmee auf.

Darüber hinaus bleibt jedoch zu vermerken, mit welchem Nachdruck das neue Afghanistan sich dem Islam zugewendet hat. Dies stellt grundsätzlich zwar keine Neuerung dar, ist jedoch für das Verhältnis sowohl zu Pakistan als auch zur Indischen Union nicht ohne Bedeutung und könnte entsprechend interpretiert werden.

---

[83] Vgl. Verfassung (2004), S. 1ff.
[84] Ebenda

6   Zusammenfassung der Situation und Ausblick auf die Folgen

Auf den vorangegangenen Seiten wurde grundlegend versucht, anhand der Beschreibung der jüngeren afghanischen Geschichte, der Auflistung der für das Land wesentlichen Nuklearstaaten und der Darstellung, warum es überhaupt bedroht sein könnte, zu zeigen, welchen Einfluss die Nuklearoption Südasiens auf das neue Afghanistan hat. Immerhin soll dort das Risiko eines (vielleicht nuklearen) Krieges extrem hoch sein. Aufgrund der maximalen Reichweiten kommen jedoch nicht alle Nuklearstaaten in Betracht. Darüber hinaus sind mache potentiell nicht ganz so gefährlich. Der Irak, der Iran, Israel, Russland und China hätten zwar vitale Interessen; letztlich kann man jedoch festhalten, dass sich die Bedrohung, sofern es für Afghanistan überhaupt eine messbare gibt, im Wesentlichen auf die Nuklearmächte Pakistan und Indien beschränkt, also von diesen ausgehen könnte.

Doch warum stellen diese Staaten eine solch große nukleare Gefährdung für Ihre Umgebung dar? In erster Linie wohl nicht, weil sie Afghanistan tatsächlich besetzen wollen – um dann dessen interessante strategische Lage nutzen zu können. Wohl auch nicht, um entweder einen Gottesstaat zu errichten – oder eben genau das zu verhindern. Man muss wohl vielmehr in Betracht ziehen, dass der Kaschmir-Konflikt, wie vorangehend angesprochen, eine so starke Feindschaft zwischen den Staaten entstehen ließ oder aufgedeckt hat, dass diese bis zum Äußersten gehen. Und da in diesem Fall nun Nuklearsprengköpfe eingesetzt werden könnten, würde auch das neue Afghanistan i.S.v. Radioaktivität und Fallout durch beabsichtigte, unbeabsichtigte und tolerierte negative Folgen davon 'profitieren'.

Für Afghanistan somit bedeutet der komplexe und hoch-emotionale Kaschmir-Konflikt,[85] dass es, egal wie es sich als Nachbar der Streithähne verhält, wie alle anderen Staaten der südasiatischen Region betroffen sein wird. Dies können Versorgungsengpässe, Flüchtlinge – oder auch Folgen nuklearer Art sein. Und da besonders Pakistan mehrfach einen Erstschlag angedroht hat, jedoch genauso wie Indien, über keine Nuklear-Erfahrung verfügt, muss man Schlimmes befürchten.

---

[85] In erster Linie, oberflächlich sozusagen, territorial aber auch strategisch – Wasser, Logistik – und ganz sicher ideologisch. Es geht um die Legitimation Pakistan und die Einheit Indiens!

Die vordergründige Haltung der Regierung Karzai, 'abwarten und Tee-trinken' scheint einerseits verständlich: warum sollte man sich selbst mit etwas belasten das man ohnehin nicht beeinflussen, allenfalls verschlechtern kann? Auf der anderen Seite können Vermittlungsversuche bei der Konfliktlösung wirklich schaden?

Da dieser Weg jedoch nicht eingeschlagen wurde, muss man wie in der Arbeitshypothese eingangs angenommen davon ausgehen, dass das Land nur auf dem Papier souverän ist und die Regierung national noch keine Gewalt hat. Afghanistan scheint sich zwar der Nuklearoption seiner (südasiatischen) Nachbarn bewusst und fürchtet diese vielleicht auch, hat aktuell jedoch andere Fragen wie z.b. der inneren Sicherheit und in Bezug auf das Drogenproblem zu beantworten.

Darüber hinaus kann man bei der Durchsicht der einschlägigen Literatur den Eindruck bekommen, dass sich Afghanistan bei seinem Neuanfang lieber eher unter die Beobachtung und den Schutz der Weltöffentlichkeit begibt, als selbst schon großartig außenpolitisch aktiv zu werden.[86] Immerhin passt sowohl die Region, als auch die Welt auf, was im Land vor sich geht. Damit ist Afghanistan in der Welt von heute wohl ein Sonderfall; wenn die Sicherheitslage in Nahost und Südasien jedoch weiterhin so brenzlig bleibt, dann könnte das Afghanistan hier unterstellte Kalkül (oder Notwendigkeit) jedoch aufgehen und man die Früchte daraus ziehen.

---

[86] Diesen Eindruck kann man jedenfalls bekommen, das es kaum Dokumente der afghanischen Administration zu außenpolitischen Fragen gibt. Ferner wird in der Verfassung zur Außenpolitik und der strategischen Lage so gut wie nichts gesagt und stattdessen lediglich das Selbstverständnis Afghanistans als islamische und friedliche Nation hervorgehoben.

19